L'audace d'entreprendre comme Mark zuckerberg et Bill Gates

Les fondamentaux de l'entrepreneuriat

Collection TGV de la réussite

Cet ouvrage étant protégé par la loi sur la propriété intellectuelle, sa reproduction ou sa représentation sans autorisation de l'auteur ou des ayants droit est illicite et constitue une infraction sanctionnée par le code pénal.

DEDICACE

A Rose

REMERCIEMENTS

Notre gratitude va à l'endroit de tous ceux qui ont contribué directement ou indirectement à la production de cet ouvrage.

Nos économies étant de plus en plus structurellement incapables d'apporter une réponse pérenne à la demande sans cesse croissante d'emplois salariés, tout en se limitant au modèle de la grande entreprise. La grande entreprise conventionnelle, de par sa nature robuste, non seulement sur le plan financier mais aussi sur le plan organisationnel, ne pouvant s'insérer dans les marchés de niche, laissent des vastes réservoirs d'opportunités dont l'exploitation ne pourrait se faire que par des structures de petites tailles. Cette situation de niche couplée aux conjonctures économiques, ouvrent résolument le couloir de l'initiative économique aux acteurs dans le but de s'auto employer tout en apportant des réponses précises aux besoins spécifiques du marché. C'est ainsi que l'on assiste à l'essor du phénomène entrepreneurial aux embranchements divers prenant la configuration de solo entrepreneuriat, d'entrepreneuriat collectif, d'entrepreneuriat social, de la Start up, etc. Cet attrait de l'entrepreneuriat s'accompagne d'une forte demande en formation sur l'initiative économique, d'où la vulgarisation des offres de formation et des modèles entrepreneuriaux prenant des formes variées (montage des projets, académie Start up, gestion des projets générateurs de revenus etc.). Au regard de cette diversification dans l'offre de formation en entrepreneuriat, l'on pourrait bien s'interroger sur la nature de ce métier. En d'autres mots, qu'est-ce qu'entreprendre ? Quel est le processus qui permet d'initier et de mettre en œuvre un projet ? Quelles sont les compétences et les qualités dont l'entrepreneur a besoin pour réussir un projet ? En un mot, quels sont les fondamentaux de l'entrepreneuriat ?

Que l'on se considère Start upeur, uberiste, porteur de projet, initiateur économique, créateur d'entreprise, entrepreneur social, il y a certainement des particularités liées aux modes entrepreneuriaux mais il y a inéluctablement ce qui est fondamental à l'entrepreneuriat. La formation en entrepreneuriat devrait se focaliser sur ce qui est fondamental car ayant les fondamentaux, les acteurs pourraient s'adapter aux spécificités situationnelles liées au mode entrepreneurial.

Dans le cadre de ce livre qui est un outil d'auto formation à l'entrepreneuriat, nous donnons justement les fondamentaux, ce dont le créateur d'entreprise a besoin de savoir, de savoir-faire et de faire pour pouvoir formaliser une idée en projet, mettre en œuvre son projet et le suivre techniquement. Le premier élément important pour tout créateur de richesse est la compréhension du champ entrepreneurial, ce qui caractérise un entrepreneur, comment doit être un entrepreneur, son domaine de connaissance et les compétences qui doivent être les siennes, les moyens par lesquels l'on devient entrepreneur et comment surpasser les barrières au métier. Il sera ensuite question de décrire de la façon la plus simple et la plus complète possible comment concevoir un projet en se basant sur le modèle entrepreneurial (qui va de l'idée au business plan en passant de façon non linéaire par l'opportunité d'affaire, le business model et la vision stratégique), le lecteur saura tester une idée pour savoir si elle est opportune, concevoir un modèle d'affaires (business model), décliner la vision stratégique d'un projet, structurer un plan d'affaire (business plan). Il est enfin question pour le lecteur qui se forme par se livre, de savoir comment gérer le processus de mise en œuvre du projet. Comment animer l'écosystème d'un projet à travers le marketing de projet et le réseautage, comment gérer les aspects juridiques de la création d'entreprise qui vont de la rédaction des statuts aux opérations administratives en passant par la constitution des apports des associés éventuels.

L'entrepreneur étant d'abord un gestionnaire et la maîtrise de certains principes de gestion étant primordiale à la bonne marche des affaires, l'attention du lecteur en auto formation sera particulièrement sollicitée sur, entre autres, les techniques d'amortissements (crédit et immobilisations), la notion d'équilibre financier qui permet d'éviter les problèmes graves de trésorerie, La technique détermination des facteurs clés de réussite dans un secteur d'activité qui permet de se focaliser sur les éléments pertinents sur lesquels se joue la victoire concurrentielle etc.

CHAP I : LE CHAMP ENTREPRENEURIAL

La compréhension du champ entrepreneurial est importante pour le lecteur de ce livre d'auto formation à la création d'entreprise en ceci qu'elle permet à la fois de connaitre et de maîtriser les contours du métier. Les définitions de ce que c'est qu'un entrepreneur sont variées mais il en ressort fondamentalement que l'entrepreneur est :

- **Un initiateur** : dans le sens où il est à l'origine du processus, c'est par lui que nait l'idée ;
- **Un créateur** : dans le sens où le projet et le système qu'il met en place n'existaient pas avant ;

- **Un innovateur** : dans le cas où sa création bouleverse l'existant par le caractère nouveau ou amélioré de son projet (produit ou organisation) ;
- **Un preneur de risque** : dans le sens où l'issue du projet est incertaine.

L'autre aspect qui participe à la délimitation du champ entrepreneurial est le rapport entre l'entrepreneur et le gestionnaire. La littérature différencie souvent l'entrepreneur du gestionnaire en ceci que ce dernier n'a pas forcément besoin de créer, d'innover, d'initier un projet d'entreprise car contrairement à l'entrepreneur qui se situe en amont, le gestionnaire se situe en aval du projet où il mène essentiellement les activités de:

- Planification : il établit les objectifs à atteindre et définit les moyens nécessaires à l'atteinte de ces objectifs ainsi que la stratégie à adopter ;
- Control : il veille sur la stratégie en vue de détecter le plus rapidement possible les

menaces et les opportunités qui surgissent (la modification de l'environnement) pendant la réalisation du plan.

- Décide : il fait des choix nouveaux pour réajuster le plan en fonction de l'environnement.

Si à travers ce qui précède, l'on peut dire que le gestionnaire n'est pas forcement entrepreneur, peut-on dire que l'entrepreneur n'est pas un gestionnaire ?

Le lecteur en auto formation doit savoir qu'un entrepreneur est aussi un gestionnaire car généralement l'on ne se limite pas simplement à la création d'une entreprise pour la confier par la suite à un gestionnaire. Même pendant le processus de création d'entreprise, le créateur gère, il planifie, contrôle et décide.

Dans la suite de ce chapitre sur le champ entrepreneurial le lecteur verra par quels canaux il doit passer pour devenir un créateur d'entreprise à succès, les qualités et les compétences qu'il doit acquérir pour devenir un bon entrepreneur et comment les acquérir, enfin il verra les éléments psychologiques qu'il doit avoir et comment les cultiver en soi.

A. COMMENT DEVENIR ENTREPRENEUR

Trois éléments sont susceptibles d'orienter les individus à entreprendre :

- Les traits de personnalité ;
- L'acculturation ;
- La formation.

1. LES TRAITS DE PERSONNALITE

Pour les psychologues et les spécialistes du comportement, certains traits de personnalité poussent généralement conduire ceux qui les ont à entreprendre. L'une des portes d'entrée dans le métier de la création d'entreprise consiste donc à cultiver ces traits en vous. Bien que certaines personnes naissent avec ces traits, il est pourtant facile de les cultiver en vous. Voyons d'abord ces traits pour voir par la suite par quel mécanisme les cultiver en vous si vous ne les avez pas.

Les traits de personnalité qui caractérisent la majorité de ceux qui créent les entreprises avec succès sont les suivants :

- **Le besoin d'accomplissement :** l'entrepreneur s'attache à un idéal et recherche la réalisation de cet idéal à travers la réussite des projets de vie ou de bien-être. Vous devez alors apprendre à vous fixer des objectifs et à poursuivre la réussite de chacun d'eux. C'est cette recherche d'accomplissement qui vous conduira, comme tout bon entrepreneur, à faire plus de constance dans vos efforts que la moyenne. Commencez par entrevoir votre vie personnelle et professionnelle dans le moyen et le long terme en y introduisant du contenu, des objectifs de performance, des projets à réaliser etc. Ainsi va naître en vous un besoin fort d'accomplissement personnel.

- **La confiance en soi et le self control :** ceci est un trait de personnalité très important car pour pouvoir impacter les autres et l'environnement il faut être soi-même convaincu de sa propre capacité à le faire. Vous allez également apprendre à être maître de votre destin, c'est-à-dire, à toujours avoir à l'esprit que personne ni rien d'autre que vous ne fera à votre place ce que vous devez faire. Si vous devez réussir ou échouer cela va uniquement dépendre de vous et de personne d'autre. Dès à présent commencez à voir les choses de cette façon car c'est comme ça que Bill Gates et tous les entrepreneurs voient les choses.

- **La persévérance :** Bill Gates a connu pendant des années l'échec avant de se révéler au monde. Les entrepreneurs sont généralement très combatifs, ils n'abandonnent pas facilement devant les obstacles, ils les affrontent et les surpassent. Vous devez cultivez la persévérance en essayant chaque fois d'aller plus loin, de dépasser vos objectifs. L'une des façons de cultiver la persévérance est de choisir un domaine de jeux ou de sport et d'y chercher à dépasser continuellement vos performances.

- **Le leadership :** l'entrepreneur a une volonté plus ou moins explicite d'occuper une place prépondérante dans le système (la société, la famille, l'entreprise). Comme vous voulez devenir créateur d'entreprise, vous devez apprendre à prendre le devant, à être devant les autres pour les aider, les orienter, les servir. La meilleure façon de cultiver le leadership est de commencer par rechercher en toute circonstance comment l'on peut se rendre utile aux autres.

Sans être exhaustif voilà les principaux traits de personnalité que l'on reconnait généralement aux entrepreneurs. Vous commencerez par cultiver en vous ses traits pour avoir la personnalité d'entrepreneur, c'est l'un des moyens que vous pourrez utiliser pour devenir un bon entrepreneur. L'on acquiert ces traits de personnalité par une auto influence mentale ou par acculturation.

2. L'ACCULTURATION

Bien que n'ayant pas les traits de personnalités reconnus aux entrepreneurs, vous pouvez devenir entrepreneur par acculturation, c'est-à-dire, par l'influence du milieu social dans lequel vous vivez. Les entrepreneurs reflètent les caractéristiques du temps et du milieu de vie où ils évoluent. PAUL FORTIN dit que la nature nous donne multiples exemples d'une relation semblable entre la mer et les poissons qui y habitent, la terre et les récoltes que l'on y retire : pourquoi en serait-il autrement lorsqu'il s'agit des entrepreneurs et de la société qui les suscite. Ainsi la société, de par ses normes socioculturelles et les modèles d'entrepreneurs dont elle dispose, peut être une machine de fabrication d'entrepreneurs. Un jeune noyé dans une société qui valorise l'emploi salarié aura très peu de chance de devenir entrepreneur car il ne sera pas compris et soutenu par les membres de sa communauté (le capital social), il n'aura pas de modèle pour s'en inspirer etc. PAUL FORTIN conclura donc que l'entrepreneur est le fruit de son milieu social et un milieu qui n'en veut pas aura de très fortes chances d'être exaucé.

Même ayant les traits de personnalités favorables à l'entrepreneuriat, il peut s'avérer difficile de devenir entrepreneur si l'on vit dans un milieu hostile à l'entrepreneuriat. Dans ce cas la formation devient une alternative pour sortir le futur entrepreneur des pesanteurs sociaux mais aussi de mieux outiller celui qui a des traits de personnalité favorables à une carrière d'entrepreneur.

3. LA FORMATION

Par la formation, il est possible d'instaurer une culture entrepreneuriale chez les candidats en cultivant en eux les traits de personnalité des entrepreneurs, en les modélisant et en les dotant des capacités techniques en gestion. Dans ces cas, l'on utilise généralement les méthodes d'incubation pour modéliser et transmettre les compétences techniques d'une part et d'autre part l'on utilise les méthodes d'introjection pour cultiver chez les candidats les traits de personnalité propres aux entrepreneurs.

Ce livre joue pleinement ce rôle d'incubation et d'introjection par les techniques et le cadre qu'il donne au lecteur et les exemples d'entrepreneurs à succès qui s'y trouvent. Notons que la formation en entrepreneuriat est d'abord et avant tout une formation en gestion car un entrepreneur est d'abord un gestionnaire. Ainsi dans ce cadre d'auto formation, notamment dans la deuxième partie du livre, vous aurez tous les éléments techniques nécessaires à la conception et au suivi d'un projet.

Après cette présentation des moyens qui conduisent à l'entrepreneuriat, nous aborderons par la suite les qualités qui caractérisent les entrepreneurs qui réussissent question de vous permettre de les travailler en vous.

B. LES QUALITES ET LES COMPETENCES DES ENTREPRENEURS QUI REUSSISSENT

Même s'il est difficile de dresser le profil type d'entrepreneur, certaines qualités humaines et certaines compétences techniques sont généralement reconnues aux entrepreneurs à succès.

1. LES QUALITES HUMAINES DES ENTREPRENEURS A SUCCES

Si vous n'avez pas les qualités que nous vous présentons jusqu'ici, vous pouvez les acquérir en vous auto influençant ou par des jeux d'apprentissage comme à travers le sport tel que souligné plus haut.

Vous pouvez également les acquérir en utilisant la méthode d'introjection qui consiste à copier les qualités des entrepreneurs que l'on prend pour modèles, vous devrai alors les fréquenter, lire sur eux, les imiter etc. commencez dès à présent à faire ce travail si vous n'avez pas les qualités humaines suivantes :

- **L'enthousiasme :** c'est un état de ferveur, d'émotion intense. C'est une joie très vive, tendant à s'extérioriser et exprimant une adhésion totale, une approbation complète. Les entrepreneurs sont (se montrent) toujours enthousiastes quant à leurs projets et à leurs vies. Vous devez apprendre à montrer une sensibilité profonde vis-à-vis de vos projets, à aimer avec passion ce que vous faites. L'enthousiasme vous donne une force naturelle qui pousse à créer ou à agir avec ardeur et dans la joie et renforce votre capacité à communiquer efficacement.

- **La sociabilité et la capacité à communiquer:** les entrepreneurs qui réussissent ont une bonne capacité relationnelle, elle permet de communiquer plus facilement et de créer un bon réseau. Si vous êtes une personne introvertie Vous devez dès à présent changer votre façon d'être en essayant de vous rapprocher des autres, en construisant des relations d'amitié avec les autres, en vous ouvrant aux autres. Cela vous aidera dans vos affaires car comme nous le verrons plus loin, vous aurez à gérer l'écosystème de votre projet et la communication est primordiale à ce niveau. Vous aurez besoin de vous montrer sociable pour gagner l'adhésion des associés, des banquiers et autres préteurs d'argent, des interlocuteurs étatiques etc.

- **L'endurance physique et mentale :** vous devez être physiquement endurant dans la mesure où votre présence sur le terrain des opérations est indispensable et l'entrepreneur travaille très largement au-dessus de la moyenne. Vous devrez travailler pour plus de 16 heures par jour et même des journées entières, d'où la nécessité d'être physiquement et mentalement endurant. L'endurance mentale est également une qualité qui renforce la persévérance de l'entrepreneur.

2. LES COMPETENCES TECHNIQUES DES ENTREPRENEURS QUI REUSSISSENT

Ces compétences sont presqu'essentiellement liées à la gestion, l'entrepreneur étant un bon gestionnaire.

- **La créativité :** la capacité à créer est naturellement la première compétence d'un bon entrepreneur. Etre capable de créer c'est avoir la capacité de faire les études de conception (étude de d'opportunité de l'idée de projet ; étude de faisabilité commerciale, technique, financière).

- **La capacité d'organisation :** être capable de planifier la stratégie et le modèle d'affaire de son projet ainsi que toutes les fonctions opérationnelles (marketing, ressource humaines, production, finance).

- **La capacité de décision :** pour décider l'entrepreneur doit avoir la capacité de veille pour détecter à temps les changements de l'environnement ou le caractère inadapté des plans et les réajuster en décidant. Il doit avoir la capacité de suivre le processus de réalisation de son projet en évaluant constamment les réalisations par rapport aux plans. Vous devez en tant qu'entrepreneur être capable de collecter les données (informations) techniques, commerciales, financières, les traiter, évaluer la situation de l'environnement dans lequel évolue votre entreprise et décider.

Le lecteur aura l'occasion de voir de façon pratique et à travers des exemples tous ces aspects techniques car l'objet de ce livre porte justement sur l'acquisition de ces compétences.

Tout projet d'entreprise est précédé par un processus psychologique qui permet au porteur du projet de capitaliser l'énergie nécessaire à la mise en œuvre de son projet : c'est le processus d'incubation. L'incubation prépare le porteur du projet à la réussite en travaillant sa psychologie et ses capacités. Avant le lancement de son projet, le futur entrepreneur est influencé par sa propre pensée et par les discours qui se tiennent autour de lui. Si les discours oraux, visuels, ou de tout autre genre qui se développent autour du futur entrepreneur sont négatifs ils l'influenceront négativement mais s'ils sont positifs ils l'influenceront positivement. D'où l'intérêt du premier chapitre de ce livre, où nous avons montré en quoi l'entrepreneur n'a rien à voir avec le salarié. Nous avons dans ce premier chapitre montré au lecteur ce que c'est que le champ entrepreneurial, il sait à présent ce qui caractérise un entrepreneur et comment faire pour devenir entrepreneur, c'est-à-dire, avoir les caractéristiques d'un entrepreneur en terme de traits de personnalité, même lorsque l'on a évolué dans un milieu social hostile à l'entrepreneuriat. Le lecteur sait que le milieu social dans lequel il évolue ou dans lequel il a évolué par le passé a une grande influence sur lui mais il sait surtout qu'il peut dépasser ces pesanteurs sociaux par la formation. La formation à travers ce livre permet d'acquérir les traits de personnalités, les qualités humaines et les compétences techniques qui feront du lecteur un futur entrepreneur à succès.

Si vous n'avez pas les qualités que nous vous présentons jusqu'ici, vous pouvez les acquérir en vous auto influençant ou par des jeux d'apprentissage comme à travers le sport tel que souligné plus haut. Vous pouvez également les acquérir en utilisant la méthode d'introjection qui consiste à copier les qualités des entrepreneurs que l'on prend pour modèles, vous devrai alors les fréquenter, lire sur eux, les imiter etc.

Notes personnelles du lecteur relatives au chapitre et résolutions prises pour l'avenir

....
....
....
....
....
....
....
....
....
....
....
....
....
....
....
....
....
....

CHAPITRE II : DE L'IDEE DE PROJET AU BUSINESS PLAN : LE MODELE ENTREPRENEURIAL

Après la compréhension du champ entrepreneurial, de ce qui caractérise un entrepreneur, de ce qu'est un entrepreneur, son domaine de connaissance et les compétences qui sont les siennes, des moyens par lesquels l'on devient entrepreneur et comment surpasser les barrières au métier, nous abordons dans le présent chapitre le modèle entrepreneurial. Il sera question de décrire de la façon la plus simple et la plus complète possible comment concevoir un projet en se basant sur le modèle entrepreneurial (qui va de l'idée au business plan en passant de façon non linéaire par l'opportunité d'affaires, le business model et la vision stratégique), le lecteur saura comment tester une idée pour savoir si elle est opportune, comment concevoir un modèle d'affaires (business model), comment décliner la vision stratégique d'un projet, comment structurer un plan d'affaire (business plan).

IDEE - OPPORTUNITE D'AFFAIRES - BUSINESS MODEL - VISION STRATEGIQUE - BUSINESS PLAN

Le processus entrepreneurial n'est pas linéaire (l'enchainement des étapes n'est pas continu) comme le temps. Le véritable ordre dans l'enchainement des étapes est souvent circulaire (on revient sur une étape à plusieurs reprises), l'on commence par un bout ou par l'autre, l'on peut commencer par le milieu etc.

A- L'IDEE DE PROJET

Une idée de projet est un objet ou un concept qui trouve un marché, c'est-à-dire, qui répond aux besoins d'une clientèle potentielle. L'on ne parle pas ici de client réel (celui qui achète effectivement) mais de client potentiel (celui qui est susceptible d'acheter, celui qui pourrait acheter). Pour pouvoir trouver une idée d'affaires vous pouvez procéder de deux manières : vous pouvez constater un besoin non satisfait ou mal satisfait et rechercher ses possibilités de satisfaction ;

vous pouvez également rechercher un produit et déterminer son utilité.

1. L'IDENTIFICATION D'UN BESOIN ET SES POSSIBILITES DE SATISFACTION

Ici vous avez trois approches possibles :

- Vous pouvez décider d'étudier les offres des opérateurs qui exercent dans le secteur qui vous intéresse pour desceller les nouveaux besoins, les niches, ou les besoins mal satisfaits. Par exemple, en étudiant le marché de la bière vous pouvez constater que les clients aiment très souvent manger des repas pimentés en consommant de la bière, alors une idée de production de la bière pimentée peut naitre de cette étude.
- Vous pouvez également étudier les éléments macroéconomiques au niveau des grandes options de développement définies par l'Etat pour anticiper

sur les besoins à venir. Vous pourrez, par exemple, en vous rapprochant des agences de développement ou en parcourant des nouvelles lois, constater que l'assurance maladie sera instaurée en même temps que le suivi médical sera obligatoire pour toute la population. A partir de ce constat vous pourrez avoir l'idée de créer un cabinet médical dans une zone dans laquelle il n'y en a pas.

- La dernière approche consiste à analyser les habitudes des populations pour détecter des changements de comportement qui sont susceptibles de modifier la demande et qui pourraient vous donner des idées de satisfaction.

2. LA RECHERCHE D'UN PRODUIT ET LA DETERMINATION DE SON UTILITE

Ici les approches sont relativement simples car les produit existent déjà, vous aller simplement envisager leur introduction dans un marché donné.

- Vous pouvez dans vos recherches, trouver un produit qui marche dans une zone géographique donnée et envisager de le vendre dans une autre zone dans laquelle il n'est pas vendu. Par exemple, vous pouvez découvrir un café qui se vend bien au Vietnam et envisager de l'importer en France ou dans un autre pays en Europe.
- Vous pouvez détecter un produit importé qui se vend bien dans votre pays et envisager sa fabrication locale : c'est l'import substitution.
- En visitant les foires d'exposition ou en parcourant la documentation économique vous pourrez découvrir les produits et avoir une idée de les fabriquer et/ou de les vendre

B. COMMENT DETERMINER L'OPPORTUNITE D'AFFAIRES D'UNE IDEE

Vérifier l'opportunité d'affaires d'une idée revient à faire des études qui vous permettent d'affirmer que votre idée trouvera un marché réel et qu'elle est faisable sur le plan commercial, technique, financier, ressources humaines, juridique etc.

1. COMMENT SAVOIR SI L'ON A DES COMPETENCES PAR RAPPORT A SON IDEE

Il sera question pour vous de commencer par une analyse sommaire de l'idée, question d'en desceller les forces et les faiblesses d'une part et par la suite confronter ces forces et ces faiblesses aux opportunités et aux menaces de l'environnement.

Tout d'abord, vous allez dresser une liste d'éléments qui peuvent caractériser votre projet. La grille que nous proposons n'est qu'indicative, vous pourrez procéder autrement mais l'essentiel étant de ressortir vos capacités par rapport au projet que vous envisagez :

- Qu'est-ce que je vais offrir (produit ou service) ?
- Qu'elle est ma clientèle (segmentation) ?

- Où vais-je offrir ce produit ou ce service (emplacement) ?
- Comment vais-je offrir ce produit ou ce service (procédé et produit) ?
- De quels moyens aurais-je besoin (financiers, techniques, humains...) ?
- ai-je les associés et/ou les partenaires ?
- suis-je capable de porter ce projet (qualités et compétences du promoteur) ?

Dès que les principaux éléments sont ainsi listés, vous les analysez par rapport à ce qu'ont et font les concurrents pour pouvoir dégager ce qui, dans ces éléments, pourrait être considéré comme une force et ce qui peut être considéré comme une faiblesse. Garder à l'esprit qu'un élément est une force seulement si sur cet élément vous dominez vos concurrents et si sur un élément vos concurrents ont un avantage sur vous alors cet élément est une faiblesse pour vous.

Par exemple :

- sur le produit, si vous envisagez vendre une nouvelle cigarette il est évident que par rapport aux produits concurrents le vôtre sera moins connu sur le marché, c'est une faiblesse.
- Sur la clientèle cible, si vous êtes dans l'envergure vous aurez certaine ment une mauvaise connaissance du marché par rapport aux concurrents qui travaillent depuis sur le même segment. Si vous êtes dans la niche (inexplorée par vos concurrents) alors vous disposez d'une meilleure connaissance de ce segment par rapport à eux.
- Où offrir le produit, si l'on pense offrir le produit dans tout le pays alors que les concurrents offrent généralement dans sept ou huit des quinze régions, vous disposez d'une force en termes d'emplacement (puissance dans la distribution, part de marché potentiellement élevé...). Si vos concurrents distribuent dans tout le pays alors que vous distribuez seulement dans quelques régions, vous êtes en position de la faiblesse (économie d'échelle).

L'étape suivante consiste à relever les caractéristiques de l'environnement (analyse externe) de votre projet en termes d'opportunités et de menaces, ici aussi la grille que nous proposons est indicative :

- Au niveau socioculturel, vous décrirez la démographie, les modes de vie des populations, les croyances etc. si vous vendez de la cigarette une population constituée à 80% de musulmans représente une menace au niveau de la croyance religieuse averse au produit.
- Au niveau politico légal, vous décrirez le niveau de stabilité du pays, la politique globale du gouvernement, la législation. Ici une règlementation interdisant la publicité sur la cigarette peu constituer une menace pour un nouveau produit.
- Au niveau économique, vous rechercherez les agrégats économiques du pays, le taux de chômage, la qualification de la main d'œuvre, la disponibilité des matières premières, l'état des infrastructures...

- Au niveau de la technologie, technologie actuelle, vitesse de changement technologique etc...

Dès que les principaux éléments de l'environnement sont ainsi listés, vous les analysez par rapport à ce que vous avez retenu comme forces de votre projet pour pouvoir clairement ressortir ceux de vos forces qui correspondent aux opportunités présentent dans l'environnement : ce sont vos compétences distinctives, c'est-à-dire ce que vous pouvez mieux faire que vos concurrents. Garder à l'esprit qu'une force demeure une force si seulement si elle se couple à une opportunité de l'environnement, alors on parlera de compétence distinctive.

Ce premier niveau d'analyse est fait par l'entrepreneur juste en analysant son projet et l'environnement du projet. Il va par la suite détecter les facteurs clés de réussite (FCR) dans son secteur d'activité en allant se renseigner auprès des clients et des personnes qui connaissent bien le secteur d'activité concerné.

2. EVALUER SI LES COMPETENCES PERMETTENT DE MAITRISER LES FACTEURS CLES DE REUSSITE (FCR)

L'intérêt de détecter les FCR est le suivant : les compétences distinctives que vous avez peuvent ne pas être capitales pour la réussite dans le secteur d'activité, c'est pourquoi vous devez au-delà de vos compétences, rechercher également les facteurs qui déterminent la réussite dans le secteur d'activité pour voir si ce sont vos compétences ou alors ce sont plutôt vos faiblesses qui les rejoignent. Si vos compétences rejoignent les FCR dans votre secteur alors votre idée est une opportunité d'affaire mais si non, vous voyez dans quelle mesure vous pourrez travailler vos faiblesses pour en faire des compétences qui vous permettront de maîtriser les FCR. Si vous ne pouvez pas avoir des compétences qui vous permettent de maîtriser les FCR, alors votre idée n'est pas une opportunité d'affaire (pour vous).

2.1 LA METHODE DE RECHERCHE DES FCR

Pour détecter les FCR, rencontre les personnes qui connaissent le secteur d'activité (les clients, les concurrents etc.) et les demander des informations sur :

- Les caractéristiques idéales du produit ou du service ainsi que les facteurs qui déterminent l'évolution des caractéristiques du service ou du produit. Ceci vous permet de savoir si votre produit tel que vous le concevez dans votre idée cadre avec ce qui ce fait et ce qui se fera, est ce que vous disposerez des moyens vous permettant de vous adapter aux évolutions etc. ?
- Importance du marché et la courbe de vie du produit, l'évolution de la demande, comment ce fait l'approvisionnement etc.

- Vous devez également vous renseigner sur le rôle des intermédiaires et jusqu'à quel point ils peuvent déterminer la réussite d'un acteur du secteur.
- L'importance des immobilisations, des stocks
- Les clients achètent-ils très souvent à crédit ou non, quelle sont les délais de paiement client et fournisseur ?
- Quel est l'impact réel de la législation sur le secteur ?
- Quelles sont les rapports entre concurrents, entre clients, entre clients et acteurs du secteur ?

Lorsque vous collectez ces informations, vous devez les analyser pour répertorier dans un tableau les facteurs que vos interlocuteurs vous auront présentés comme les plus importants. Il ne faut pas retenir plus de dix facteurs.

DOMAINE cigarette	FCR	Importance En %	Elément Déterminant La maîtrise du FCR	MES ATOUTS	MES FAIBLESSES

marketing	Notoriété Du produit	40%	Com Bouche à oreille		les détaillants influencent les acheteurs mais ils travaillent tous pour la concurrence
	évolution	20%	Bouche à oreille	Qualité du produit	
production	Gout du produit	20%	Acheter les intrants de qualité à un prix élevé	Forte capacité financière	
	évolution	30%	intrants de qualité	Approvisionnement à crédit	
finance	Forte capacité financière	30%	Capital propre, interdiction de prêt…	Capacité à avoir les associés	
	évolution	20%	Capital propre	Résultat de l'entreprise	
RH	Maitrise de la nouvelle technol	10%	Formation des employés à la nouvelle	Nouvel entrant	

41

			technologie		
évolution		30%	Fidélité des employés	Bon traitement des salariés	

Tableau de synthèse de l'analyse des FCR.

Vous devez retenir uniquement les FCR les plus importants, 10 au maximum.

Vous avez vu comment procéder pour tester une idée et savoir si elle représente une opportunité ou non. Vous recensez les FCR dans votre secteur d'activité ; ensuite vous évaluer l'importance de chaque FCR pour n'en retenir que les 10 premiers ; vous noter les éléments sur lesquels il faut agir pour maîtriser chacun des FCR ; comparer les éléments qui déterminent la maîtrise de chaque FCR à vos compétences (en gardant à l'esprit qu'une compétence est distinctive, c'est ce que vous faites le mieux que vos concurrents); de la confrontation des FCR aux compétences que l'on a ou que l'on peut se procurer, on pourra conclure que l'idée est opportune ou pas. Si l'idée est opportune et que vous décidez de continuer alors l'idée devient un projet, vous élaborez le modèle d'affaire du projet.

Avant de passer à la construction du modèle d'affaire, notons que le test d'idée n'est pas une étude de marché, cependant s'il y a possibilité pour le créateur d'entreprise de se dégager rapidement et sans trop de risques financiers au cas où les choses tournent mal, il est possible de ne pas faire une étude de marché et de faire un simple test du produit ou du service auprès de quelques clients pour vérifier sur le terrain la justesse des prévisions faites. Par contre, si les risques financiers sont très élevés en cas d'échec, malgré les difficultés d'une étude de marché, il serait nécessaire de la faire pour pouvoir apprécier qualitativement et quantitativement la clientèle réelle en questionnant un échantillon représentatif de la clientèle réelle du secteur.

C. LE MODELE D'AFFAIRE

Un modèle d'affaire est la description du mécanisme de création de la valeur ainsi que la détermination des parties prenantes au projet avec la présentation des apports et des gains de chacune des parties. Pour concevoir votre modèle d'affaire, posez-vous la question suivante : comment vais-je créer de la valeur ? Enumérez l'ensemble des parties qui participeront à votre projet d'une manière ou d'une autre. Par exemple si vous envisagez créer une ferme agricole en Alsace, Lorraine ou dans toute autre région de France, l'Etat Français ou la Région concernée vous donnera un terrain en concession pour exploitation agricole : ce terrain est la contribution de l'Eta qui aura pour gain les impôts que vous payerez ainsi que le chômage que le projet permettra de réduire.

Prenons le modèle d'affaire de Mark zuckerberg avec Facebook. Qu'est-ce que le client reçoit comme gain c'est l'appartenance à une communauté d'amis, un moyen de vendre, de s'informer. En participant à

Facebook, le client devient lui-même un produit que Facebook vend aux annonceurs (base de données et exposition à la publicité), le client consomme les données internet alors Facebook reçoit des téléphonies une part sur l'usage de son réseau par les utilisateurs et ces téléphonies gagnent sur la consommation des données internet sur Facebook etc...

Vous allez faire une sorte de convention entre vous (le projet) et tous ceux qui vont participer à la création de la valeur : qu'est-ce que l'on va rémunérer ? Comment va-t-on rémunérer la participation de chacun ? Dans votre modèle d'affaire vous aller décrire les rapports qui vous lieront à chaque partie prenante au projet. Vous décrirez alors comment vous repartirez la valeur créée pour les personnels, les associés, les pouvoirs publics, les partenaires financiers etc.

Dès que vous décrivez votre modèle d'affaire, vous passez à la vision stratégique de votre projet.

D. LA VISION STRATEGIQUE DU PROJET

Après la description de votre modèle d'affaire, vous devez présenter votre vision stratégique qui n'est rien d'autre que l'ensemble des choix que vous opérez en fonction de vos buts à long termes. Il s'agira ici de donner les grandes options de développement de votre entreprise dans le long terme. Une vision peut se présenter sous plusieurs angles :

- elle peut être celle d'une entreprise qui commence petite mais se développe pour devenir une multinationale. Dans ce cas vous décrirez les grandes étapes de votre vision dans des horizons temporelles donnés. Par exemple, dès la onzième année de chiffre d'affaire vous-vous implanterez dans un nouveau pays tous les trois ans.
- Votre vision peut se décliner sous l'angle du contenu métier. Vous décrirez alors comment évoluera votre métier dans le temps. Par exemple vous pourrez avoir la vision d'une entreprise hautement diversifiée et vous décrirez le mode de

diversification qui sera le vôtre (conglomérale ou concentrique) ; elle peut se faire en intégrant progressivement les métiers des fournisseurs ou ceux des distributeurs.

- Vous pouvez commencer par un métier levier qui vous permet par la suite de vous recentrer sur un autre métier étant votre but.

Vous décrirez tout simplement comment vous entrevoyez votre entreprise dans le long terme pour donner une meilleure lisibilité de votre projet tout en vous donnant une boussole qui vous oriente vos décision sur le long terme.

Dès que vous avez votre idée, qu'elle s'avère opportune, votre modèle d'affaire est élaboré, votre vision stratégique est claire il vous reste de les décliner dans un plan d'affaire. Notons que c'est à titre pédagogique que ces étapes sont citées dans cet ordre car dans la réalité, comme nous l'avons expliqué plus haut, ces étapes s'entrecroisent, elle ne sont donc pas forcement linéaires.

E. LE MONTAGE DU BUSINESS PLAN

Le business plan (plan d'affaire) est la description d'un projet et la planification de son exploitation. Il a deux fonctions majeures : il favorise le marketing du projet et le suivi du projet.

- Il vous permet de recenser, expliciter, justifier les principales composantes de votre projet et s'assurer de leur cohérence.
- Il vous servira de support de présentation du projet aux différents interlocuteurs et partenaires (associés, bailleurs de fonds, pouvoirs publics).

1. LA PRESENTATION D'UN BUSINESS PLAN

Vous soignerez la forme de votre business plan autant que le fond. Le document du business plan comporte un plan, une pagination, des titres, une présentation aérée, un ensemble bien relié, avec une couverture qui attire le regard et met en évidence la raison sociale de la futur entreprise. Votre document sera clair et attrayant, concis et complet pour permettre au lecteur d'aller à l'essentiel. Vous devrez par contre rester rigoureux et réaliste en évitant de pécher par un optimisme démesuré. De façon classique, l'ordre de présentation d'un business plan est le suivant : étude de marché, étude technique et organisationnelle, étude financière.

2. LES ETUDES DE FAISABILITE

Chaque type, d'étude aboutit à un plan : les études de faisabilité marketing aboutissent au plan marketing, les études techniques aboutissent au plan technique et organisationnel, les études financières aboutissent au plan financier.

Vous verrez dans la suite du livre comment réaliser ces différentes études étape par étape.

a) COMMENT REALISER L'ETUDE DE MARCHE

Vous présenterez le type d'étude à effectuer, comment allez-vous vous prendre et vous présenterez le plan.

a.1) LES TYPES D'ETUDES

En dehors de l'étude sectorielle que vous faites lors du test de votre idée, vous pouvez étudier le marché de deux manières :

- **L'ETUDE QUANTITATIVE**

Ce type d'étude est plus fréquent, dans cette étude vous irez questionner un échantillon représentatif de la clientèle réelle de votre marché pour connaitre l'état actuel et futur de ses besoins. Ainsi elle décrit de façon chiffrée une réalité. Par exemple, une étude quantitative va rechercher le fruit préféré dans une population donnée. Ici les informations que vous collectez sur le terrain se présenteront en données chiffrées ; vous les analyserez en comparant les chiffres et vous représenterez les résultats par des analyses statistiques et des corrélations. Pour collecter ces données, vous déterminer un échantillon de la clientèle réelle que vous souhaitez étudier à qui vous administrerez un questionnaire. Une fois les données collectées, vous les analyserez en calculant les moyennes, les fréquences des différentes réponses, présenter les résultats en pourcentages.

- **L'ETUDE QUALITATIVE**

Contrairement à l'étude quantitative qui permet de prouver ou démontrer des faits, l'étude qualitative est plus descriptive et se concentre sur des interprétations, des expériences et leurs significations. Les résultats des études qualitatives sont généralement exprimés avec des mots. Ici les informations que vous collectez sur le terrain seront les résultats d'interviews, d'entretiens et d'observations ; vous analyserez ces données à l'aide des codifications inductives ou déductives ; vous présenterez les résultats par des descriptions verbales. La collecte des données ici se fait par la recherche documentaire, les entretiens individuels ou de groupe, les observations etc. dès que vous collectez les données, vous les analyserez en ressortant les régularités, en expliquant les significations des propos ou des comportements recueillis ou observés etc.

a-2) LE DEROULEMENT D'UNE ETUDE DE MARCHE

Dans le processus de réalisation de votre étude de marché vous évaluerez successivement la demande et l'offre, en fonction de cette évaluation vous choisirez votre clientèle cible et vous estimerez votre chiffre d'affaire prévisionnel. Sur la base de ses éléments, vous établirez votre plan marketing.

- **EVALUATION DE LA DEMANDE**

Il s'agira ici d'approfondir le test d'opportunité fait au départ. Pour cela, l'on devra se renseigner sur les différents types de consommateurs du produit et envisager la segmentation complète ; vous devez ensuite quantifier la clientèle réelle du marché cible ou du segment cible, vous estimerez la clientèle potentielle de votre marché cible (clientèle réelle + non consommateurs relatifs) ; vous localiserez votre clientèle cible ; vous déterminerez le pouvoir d'achat de votre clientèle cible ainsi que la dépense qu'elle consacre au produit que vous proposez ; vous déterminerez les facteurs qui motivent ces clients à acheter le produit que vous proposez ; vous devrez savoir si la clientèle est sensible au prix, à la qualité du produit, à la publicité ou alors c'est la disponibilité du produit qui détermine l'achat du produit ; vous interrogerez également les non consommateurs relatifs pour connaitre les freins à la consommation pour éventuellement y détecter une niche.

- **EVALUATION DE L'OFFRE**

Dans l'évaluation de la demande il était question d'étudier le marché vu du côté des consommateurs, ici il s'agit d'étudier le marché vu du côté des producteurs et des produits. Vous vous renseignerez sur le nombre des producteurs, leurs ventes individuelles, le chiffre d'affaire de la profession ainsi que les marges réalisées dans la profession, leurs localisations, leurs politiques de produit, de prix, de distribution et de communication. Vous évaluerez le chiffre d'affaire en valeur et en volume réalisé sur le marché cible ; vous devrez faire des prévisions sur l'évolution future de la taille du marché cible en fonction de l'évolution du comportement du marché sur les trois dernières années.

- **CHOIX DU MARCHE CIBLE ET PREVISION DU CHIFFRE D'AFFAIRE**

A partir des informations que vous apporte le marché sur l'offre et la demande, vous définirez votre marché cible. C'est un choix stratégique qui se fait sur la base de ce qui se fait actuellement sur le marché en termes de l'offre et de la demande en tenant compte de vos compétences distinctives par rapport à la concurrence. Vous aurez le choix entre vendre partout, choisir une région ou quelques villes, vendre à une clientèle au pouvoir d'achat très élevé, cibler de nouveaux consommateurs etc.

En fonction de votre clientèle cible et de vos compétences distinctives vous estimerez votre chiffre d'affaire prévisionnel. Vous vous fixerez alors les objectifs de part de marché en rapport au chiffre d'affaire envisagé.

Le chiffre d'affaire (CA) est la quantité de vos ventes en unité monétaire. Cependant en plus de la quantité de vos ventes en unité monétaire, la part de marché s'exprime par le volume des ventes ou encore le nombre de clients. Vous déterminerez alors votre part de marché ainsi que votre part de marché relatif avec les formules suivantes :

PM (en valeur) =   Votre CA / CA de la profession

PM (en volume) = Vos quantités vendues / Quantités vendues de la profession

Pour apprécier votre situation concurrentielle, vous calculer également votre part de marché relative (PMR).

PMR = Votre part de marché / la part de marché du principal concurrent

a-3) ELABORATION DU PLAN D'ACTION MARKETING

Votre plan marketing regroupe vos différentes stratégies en matière produit, prix, distribution et communication (mix marketing).

- **COMMENT ELABORER SA STRATEGIE DE PRODUIT**

C'est à ce niveau que vous opérez les choix sur ce que sera votre produit en fonction des clients cibles. Pour élaborer votre stratégie de produit vous ressortirez les éléments suivants :

Le conditionnement et l'emballage (en définissant ces éléments vous tiendrez compte du fait qu'ils ont des fonctions physiques telles que protéger le produit de l'humidité, de la lumière, de la chaleur, de la poussière, des chocs, de la contamination... mais ils ont aussi des fonctions commerciales telles que la présentation et la description du produit, la différenciation du produit etc. Vous choisirez le conditionnement qui correspond à votre clientèle cible et au contraintes liées à la logistique.

La marque du produit : ici il s'agit pour vous de donner un nom, un signe, un symbole, un dessin, ou toute combinaison de ces éléments pour que vos clients puissent identifier vos produits ou services et les différencier de ceux des concurrents.

La qualité du produit : le niveau de sophistication de votre produit et dont le coût de production sera fonction de la clientèle cible. Ainsi vous aurez le choix entre un produit de haut de gamme et un produit d'envergure.

- **COMMENT ELABORER SA STRATEGIE DE PRIX**

Vous pourrez fixer vos prix en vous référent au:

Coût de production (CP) : vous calculez les charges liées à la production unitaire de chaque produit. Pour trouver le coût de production unitaire (CPU) il vous suffira de calculer :

CPU = Charges fixes +charges variables / Quantités d'éléments produits

Dès que vous avez le coût unitaire de production, vous ajoutez une marge bénéficiaire pour avoir votre prix de vente.

Prix pratiqué par la concurrence : pour fixer le prix de vôtre produit vous pouvez vous référer aux prix pratiqués par vos concurrents, ainsi vous pourrez choisir de vous aligner sur leurs prix si vos produit ne sont pas différents ; vous pourrez mettre vos prix au-dessus de ceux des concurrents si votre produit est supérieur et si vous ciblez un segment peu sensible au prix ; vous pourrez choisir de pratiquer les prix plus faibles que ceux des concurrents si vous ciblez une clientèle sensible au prix ou si vous voulez vite pénétrer le marché pour ensuite rééquilibrer vos prix dès que vous aurez atteint une certaine part de marché.

Au prix que les clients sont prêts à payer pour vôtre produit : vous interviewez les clients cibles sur le prix qu'ils seraient prêts à payer pour vôtre produit après avoir testé le produit ou après avoir vu la description du produit. Sur la base de leurs propositions vous choisirez la marge de prix ayant une grande fréquence de réponse.

Vous devrez garder à l'esprit que tout comme la stratégie de produit, le prix détermine la tranche de la clientèle qui aura accès à votre produit et elle a également un effet sur l'image du produit. En plus le prix détermine, avec le volume des ventes, votre chiffre d'affaire. Le choix d'une politique de prix est fonction de la stratégie commerciale (haut de gamme, écrémage, pénétration massive, bas de gamme). La fixation des prix est aussi fonction de vos objectifs : massification du profit, la pénétration du marché, le remboursement rapide des dépenses engagées, la promotion des produits etc.

Lorsque vous fixez vos prix vous pouvez tenir compte à la fois des coûts de production, des prix des concurrents et du prix que vos clients disent être prêts à payer.

- **COMMENT ELABORER SA STRATEGIE DE DISTRIBUTION**

Pour assurer la disponibilité de vos produits vous devrez les distribuer efficacement. Remarquons qu'il est possible d'échouer juste à cause d'une mauvaise politique de distribution. Vous pourrez avoir le meilleur prix, le meilleur produit et communiquer efficacement mais si votre produit n'est pas disponible il ne pourra pas être acheté. Pour éviter cette situation, vous aller définir :

Votre circuit de distribution : vous aller définir l'ensemble des intervenants qui prendront en charge les activités de distribution de votre produit. Ici plusieurs choix s'offrent à l'entrepreneur, en fonction des moyens dont vous disposez, en fonction du niveau d'autonomie que vous voudriez avoir, en fonction du niveau de profitabilité que vous vous fixerez vous aurez le choix entre **un circuit ultra court** (dans ce cas vous vendez directement à vos consommateurs en organisant vos propres canaux de distribution de manière à atteindre le consommateur final). Notons qu'une telle décision peut augmenter le profit de l'entreprise mais si votre production est importante il est extrêmement lourd de gérer un tel circuit, le mettre en place en phase de démarrage rend le projet très couteux. **Un circuit court** (dans ce cas vous vendez aux détaillants qui vendent aux consommateurs finals). Un circuit long (vous vendez aux grossistes qui vendent aux détaillants, ces derniers vendent aux consommateurs).

Il faut avoir à l'esprit que plus le circuit est court plus il nécessite des moyens mais plus la marge bénéficiaire est grande.

Vos canaux de distribution : un canal est un sous ensemble du circuit de distribution et est constitué par les magasins de même type. Ainsi vous pourrez choisir le canal des supermarchés, le canal des boutiques, le canal des calls box etc.

Votre stratégie de distribution : vous aurez le choix entre **distribuer intensivement** (distribuer dans le plus grand nombre de points de vente en utilisant le maximum de canaux qui conviennent à votre produit) ; **distribuer sélectivement** (vendre par l'intermédiaire de quelques détaillants choisis sur la base de leurs compétences) l'inconvénient ici est la faible couverture du marché ; **distribuer exclusivement** : (vous vous engagez dans ce cas à ne vendre qu'à un seul partenaire qui se charge de distribuer votre produit sur un territoire donné. Dans ce cas le distributeur exclusif s'engage souvent à ne pas distribuer les produits des concurrents.

- **COMMENT ELABORER SA STRATEGIE DE COMMUNICATION**

Etudier un marché, fabriquer un produit et le distribuer en comptant sur le bouche à oreille, cela est possible mais il est mieux de faire connaitre son produit ou son service. Pour introduire un nouveau produit sur le marché il faut communiquer en quantité et en qualité.

Vous allez établir **vos objectifs de communication** (ce que vous voulez produire comme changement de comportement ou d'attitude chez vos clients) ; **vos cibles** (vous allez déterminer les groupes de personnes que vous désirez atteindre et influencer à travers votre message. sont-ils des enfants, des adultes, des femmes, leurs niveaux d'instruction, leurs systèmes de valeur etc. cette analyse de vos cible permet de les regrouper en segments et d'adapter vos messages et vos canaux par rapport aux segments) ; **Le message** (qu'allez-vous dire à vos cibles et comment allez-vous le dire pour provoquer ce changement de comportement ou d'attitude. Dans votre message Il faut tenir compte du référent car si vous n'utilisez pas le même référent que celui de la cible le message ne passera pas) ; **vos canaux** (c'est le support par lequel le message vous véhiculez votre message. Le canal doit également être adapté à la cible. Si vous vous adressez aux personnes âgées vous ne le ferai pas sur internet, vous toucherez plus les enfants par la télé que par l'affichage) les canaux de communication peuvent être hors média ou média. Tels sont les éléments à définir et qui vous permettrons d'établir un pan de communication dans lequel vous direz exactement les actions à mener, à quels moments et avec quelles ressources.

b) COMMENT REALISER L'ETUDE TECHNIQUE ET ORGANISATIONNELLE

L'étude technique et organisationnelle porte sur le processus à mettre en place pour transformer un ensemble d'inputs (facteurs de production) en outputs (produits finis). Vous allez définir tous les éléments techniques qui permettront de produire et vous allez ensuite définir votre système d'organisation.

b-1) COMMENT FAIRE L'ETUDE TECHNIQUE DE SON PROJET

- **L'OUTIL DE PRODUCTION :** vous déterminez de quels outils vous aurez besoin pour produire. Ici le choix est souvent plus ou moins facile si la technologie existe déjà mais dans le cas où elle n'existe pas il va falloir l'inventer. Le plus souvent l'on fait avec l'existant ou avec la technique la plus récente tout en veillant à ce qu'elle garantisse le moindre coût de production et/ou la qualité de la production selon la clientèle cible, selon que l'on envisage une stratégie d'envergure ou celle de différenciation. Vous pourrez également avoir le choix entre une technique artisanale ou moderne.

- **LE PROCEDE DE PRODUCTION :** vous allez décrire et arrêter un ensemble de techniques que vous utiliserez et dans quel agencement vous les utiliserez pour fabriquer votre produit. C'est également ici que vous présentez votre itinéraire de production c'est-à-dire la succession des opérations allant de l'entrée des matières premières au site jusqu'à l'obtention du produit fini.
- **LE SITE DE PRODUCTION :** vous allez donner la localisation de votre site et décrire son organisation en indiquant la disposition des ateliers, des magasins, des voies de circulation. Pour la localisation du site, vous tenez compte de vos sources d'approvisionnement en matières premières, de l'état des routes et de votre circuit de distribution.
- **DEFINIR LES STANDARTS QHSE :** vous présenterez les dispositions de sécurité qui permettront de mitiger les fautes QHSE et montrer ainsi que votre projet est durable.

- **L'APPROVISIONNEMENT EN MATIERES PREMIERES :** vous direz où allez-vous trouver les matières premières, à quels prix, comment serez-vous approvisionné (périodicité, acheminement, existence d'un contrat d'approvisionnement ou pas).

b-2) COMMENT FAIRE L'ETUDE ORGANISATIONNELLE DE SON PROJET

Le système d'organisation de votre entreprise comprendra un certain nombre d'éléments qui permettront la bonne gestion de l'entreprise. Vous présenterez votre organigramme, la description des postes de travail, les mécanismes de coordination.

- **L'ORGANIGRAMME :** vous présentez ici la structure organisationnelle de votre entreprise c'est-à-dire l'ensemble des fonctions de l'entreprise ainsi que le type de structure organisationnelle dont il s'agira. Vous déterminerez les fonctions sur la base des activités à réaliser en ayant en tête l'impératif d'efficience. Les grandes fonctions dans une entreprise se regroupent en cinq groupes : les fonctions du sommet hiérarchique ; les fonctions de la ligne hiérarchique ; les fonctions du centre opérationnel ; les fonctions support logistique ; les fonctions de la techno structure. En fonction de votre métier, de vos ressources et de vos objectifs, vous choisirez les postes à créer dans chaque groupe, dans la petite entreprise une même personne (le Directeur Général par exemple) peut remplir des fonctions du sommet hiérarchique, ceux de la techno structure et ceux de la ligne hiérarchique (structure entrepreneuriale).

Concernant le type de structure organisationnelle, en fonction de la taille de votre entreprise, du niveau de réactivité souhaité ou du niveau de contrôle souhaité, vous choisirez entre la structure entrepreneuriale ; la structure fonctionnelle ; la structure divisionnelle ; la structure matricielle ; la structure multinationale etc.

- **LA DESCRIPTION DES POSTES :** il s'agit ici pour vous de donner du contenu à chaque fonction pour déterminer et limiter son champ d'action ainsi que les responsabilités qui s'y attachent. Tout comme la structure organisationnelle, les tâches et les responsabilités sont pyramidales. Par exemple le DG sera responsable de toute l'entreprise mais il aura en dessous de lui le responsable de la technique, le responsable commercial et le responsable comptabilité finance. Le responsable commercial aura en dessous de lui un responsable des ventes, un responsable étude et marketing etc.
- **LES MECANISMES DE COORDINATION :** la division de l'organisation en directions, département...et la description des postes sépare l'entreprise en unités juxtaposées qui sont pourtant appelées à coopérer pour produire. D'où les mécanismes de coordination qui sont des principes généraux qui permettent de gérer les rapports entre entités séparés et de réguler le fonctionnement de l'entreprise. Vous

aurez le choix entre l'ajustement mutuel qui est une façon de coordonner le travail par simple communication informelle ; la supervision direction où une personne se trouve investie de la responsabilité du travail des autres à qui ils donnent des instructions et contrôlent le travail ; la standardisation des procédées, la standardisation des résultats, la standardisation des qualifications.

c) **COMMENT REALISER L'ETUDE FINANCIERE DE VOTRE PROJET**

Vous devez évaluer le coût total de votre projet et envisager les possibilités de financement, faire votre plan financier, évaluer votre rentabilité financière.

c-1) COMMENT EVALUER LE COUT DE VOTRE PROJET

Dans le cadre de votre projet vous aurez les dépenses de deux types : les dépenses d'investissement et ceux d'exploitation.

- **LES DEPENSES D'INVESTISSEMENT**

Les dépenses d'investissement concernent les biens et services que vous achetez au début de votre projet et dont l'usage s'étale sur plus d'un an. Ces dépenses, encore appelées dépenses d'immobilisation, concernent les biens de trois types : les immobilisations corporelles (biens meubles et immeubles), les immobilisations incorporelles (services et autres droits de propriété...), les immobilisations financières (l'argent placé).

Les immobilisations corporelles : dans le cadre de votre projet vous achetez des machines, des véhicules, le matériel et le mobilier de bureau, l'acquisition d'un terrain, la construction d'un bâtiment etc. ces matériels, ces bâtiments et ces machines ne seront pas seulement utilisés pendant une année, au contraire ils serviront pendant plusieurs années d'où l'appellation « biens immobilisés ». Nous verrons plus loin la notion d'amortissement des biens immobilisés.

Les immobilisations incorporelles : ce sont les services et autres charges immatérielles que vous contracterez lors du lancement de votre projet. Vous y recenserez toutes les dépenses engagées dans les études de faisabilité, l'étude de marché, le montage du business plan, les frais administratifs liés à la création de votre entreprise (frais d'enregistrement, registre de commerce, actes notariés...), les charges que vous immobiliserez pendant les opérations de lancement de votre entreprise (frais de publicité, frais de support de communication direct). Les immobilisations financières : ce sont généralement des prêts, des participations, des placements...vous n'aurez certainement pas besoin d'immobiliser de l'argent au lancement de votre entreprise alors que vous en avez besoin.

Après avoir recensé toutes vos charges, tous les biens et services dont vous aurez besoin et dont l'usage sera étalé sur plus d'un an, vous les récapitulez dans le tableau des dépenses d'investissement.

TABLEAU RECAPITULATIF DE L'ACTIF IMMOBILISE	
ELEMENTS	COUTS
IMMOBILISATION INCORPORELLE	**133 000 $**
- Frais d'établissement	3 000 $
- Frais d'études divers	40 000 $
- Charges immobilisées au lancement	90 000 $
IMMOBILISATION CORPORELLES	**290 000 $**
- Terrain	50 000 $
- Constructions	80 000 $
- Installations techniques	120 000 $
- Matériels de bureau	40 000 $
IMMOBILISATIONS FINANCIERES	**0 $**
- Prêts	0 $
- Participations	0 $
- Autres…	
TOTAL INVESTISSEMENT	**423 000 $**

- **LES CHARGES D'EXPLOITATION**

Contrairement aux dépenses d'investissement, vous recenserez ici toutes les charges que vous utiliserez la première année d'exploitation. Vous y recenserez les charges liées aux matières premières, à l'achat des marchandises, aux emballages, aux frais généraux, aux salaires (au moins 06 mois de massa salariale) etc.

Vous allez ainsi établir le tableau récapitulatif de l'actif circulant.

TABLEAU RECAPITULATIF DE L'ACTIF CIRCULANT	
ELEMENTS	COUTS
Stocks matières premières et marchandises Transport et autres services consommés Impôts et taxes Autres charges…	50 000 $ 5 000 $ 5 000 $ 15 000 $
caisse	10 000 $
TOTAL DES DEPENSES D'EXPLOITATION	**85 000 $**

En additionnant les dépenses d'investissement aux charges d'exploitation vous obtenez le coût le coût total de votre projet. Dans notre simulation le coût total sera de 423 000 + 85 000 = **508 000 $**.

c-2) COMMENT DEFINIR LES SOURCES DE FINANCEMENT DE VOTRE PROJET

Vous devez distinguer les sources de financement qui exigent le remboursement dans un délai maximum d'un an (dettes à court terme) de celles qui échelonnent le remboursement sur plusieurs années (ce sont les ressources durables).

- **LES RESSOURCES DURABLES :** les sources de financement qui mettent de l'argent à la disposition de votre projet de façon durable sont diverses mais la première est vous-même. Personne ne s'engage dans un projet dans lequel le promoteur ne veut rien risquer. La participation de l'entrepreneur permet aux parties prenantes (banque, fournisseurs, associés...) de croire en son engagement et de participer eux aussi. Nous verrons plus loin que l'apport de l'entrepreneur n'est pas seulement financière, elle peut être d'une autre nature (biens matériels ou services que l'entrepreneur apporte). Après l'apport de l'entrepreneur, celui-ci peut solliciter quelques associés qui pourraient apporter, les banques, les dons et autres appuis de l'Etat. Ces contributions des associés, ces prêts bancaires à long terme, le crédit-bail, les dons et autres appuis de l'Etat, constituent les ressources durables dont votre entreprise aura besoin.

Vous devez alors récapituler les ressources durables dans un tableau.

TABLEAU RECAPITULATIF DES RESSOURCES DURABLES	
ORIGINES DES RESSOURCES	MONTANTS
- Fonds propres (promoteur & associés) - dons et subventions - crédit-bail - banque : dettes à long terme	50 000 $ 20 000 $ 30 000 $ 100 000 $
TOTAL DES RESSOURCES DURABLES	200 000 $

- **DETTES A COURT TERME :** ici l'entrepreneur présente les sources de financement à court terme dont il aura besoin, remboursable dans un délai maximum d'un an. Vous devez ratissez large, voir ceux de vos proches qui pourraient vous prêter, les fournisseurs qui pourraient vous livrer les matières premières à crédit ou payées à moitié, les banques etc...

Vous allez récapituler les ressources d'exploitation dans un tableau.

TABLEAU RECAPITULATIF DES DETTES A COURT TERME	
ORIGINE DES RESSOURCES	MONTANTS
- Banque	100 000 $
- Proches	200 000 $
- Dettes fournisseurs	8 000 $
TOTAL DES RESSOURCES DURABLES	**308 000 $**

Les quatre tableaux ressortant les dépenses (investissement et exploitation) et les ressources (durables et à court terme) traduisent le besoin de financement et les sources de financement de votre projet. C'est la structure du financement de votre projet d'entreprise.

- **EQUILIBRE FINANCIER :** la structure du financement de votre projet peut se présenter sous la forme d'un tableau regroupant les emplois et les ressources prévisionnels.

EMPLOIS	MONTANT	RESSOURCES	MONTANT
Dépenses d'investissement	423 000 $	Ressources durables	200 000 $
Charges d'exploitation	85 000 $	Dettes à court terme	308 000 $
TOTAL EMPLOIS	**508 000 $**	**TOTAL RESSOUCES**	**508 000 $**

Le tableau suivant peut se diviser en quatre. De façon verticale il se divise en emplois - ressources et de façon horizontale il se divise en emplois et ressources durables – charges d'exploitations dettes à court terme.

Le premier niveau d'équilibre ici est le suivant :

Emplois = ressources et dans notre cas total emplois = 508 000 $ et total ressources = 508 000 $. Ce qui veut dire qu'il n'y a pas un problème de financement.

Le deuxième niveau d'équilibre est le suivant :

Emplois durables = ressources durables

Charges d'exploitations = dettes à court terme

La rationalité financière voudrait que vous financiez les investissements par les ressources durables et les charges d'exploitation par les dettes à court terme. Pourquoi ? Tout simplement parce que le remboursement d'une dette à court terme vous sera exigé dans un délai d'un an or vous n'aurez pas encore récupérez l'argent investi dans les ressources durables à cette date. Par exemple si vous achetez un véhicule que vous allez utiliser sur 5 ans et vous financez cet achat par une dette à court terme d'un montant de 50 000 $. Le véhicule vous rapporte 16 000 $ par an. A la fin de l'année le banquier se pointe mais vous n'avez que 16 000 $, il les prend et il récupère également le véhicule. Votre entreprise ferme. Or si vous aviez contracté une dette dont le remboursement serait échelonné sur cinq ans, vous aurez remboursé chaque année 10 000 $ au banquier pendant cinq ans sans avoir le moindre problème de trésorerie. La règle c'est de ne jamais financer un investissement par une dette à court terme. Au contraire il est souhaitable que les charges d'exploitation soient financés par les ressources durables ou tout au moins que les investissements soient financés par les ressources durables et les charges d'exploitation soient financés par les dettes à court terme.

En revenant sur notre cas l'on constate que les dépenses d'investissement (423 000 $) sont supérieures aux ressources durables (200 000$).

Dépenses d'investissement	423 000 $	Ressources durables	200 000 $
Charges d'exploitation	85 000 $	Dettes à court terme	**308 000 $**

Ressources durables - dépenses d'investissement = - 223 000 $

Ce qui veut dire que l'on a besoin de 223 000 $ pour financer l'investissement.

Dettes à court terme - charges d'exploitation = 223 000 $

Notre entrepreneur s'est endetté à court terme pour financer l'investissement à hauteur de 223 000 $. Rappelons-nous qu'il a reçu 200 000 $ d'un de ses proches qui est un chef d'entreprise. A la fin de la première année d'exploitation il réalise un résultat net d'impôts de 145 000 $. Il amortit le crédit-bail et la dette à long terme à hauteur de 26 000 $. Il rembourse 100 000 $ de dette à court terme au banquier et 8 000 $ aux fournisseurs. Il reste avec 11 000 $ en compte mais la dette à terme contractée auprès de son proche n'est pas soldée or elle est arrivée à échéance. L'entrepreneur veut renégocier l'échéance de la dette mais son proche refuse et exige d'entrer dans le capital de l'entreprise comme actionnaire majoritaire, l'entrepreneur n'ayant pas une autre solution accepte de perdre le contrôle de son entreprise.

Le problème de notre entrepreneur n'est pas celui de rentabilité car il a un résultat de 145 000 $ son problème est celui du déséquilibre financier qui a rendu son entreprise insolvable. S'il avait échelonné la dette contractée auprès de son proche et celle contractée chez le banquier sur une période de de trois ans, il aurait payé une annuité de 100 000 $ pendant trois ans sans que cela n'affecte sa trésorerie. Pour éviter ce genre de problème il suffit de suivre le cheminement suivant lors du montage de la structure de financement de votre projet.

Après avoir relevé les dépenses d'investissement, recherchez les sources de financement à long terme et à hauteur du montant des investissements si ce n'est au-dessus de ce montant. Si vos ressources durables ne sont pas à hauteur des investissements à faire, ne les comblez pas par des dettes à court terme mais essayer de trouver des associés qui pourraient augmenter les ressources durables, essayez de convaincre le banquier de vous échelonner votre dette sur une longue période etc. par contre si vos ressources durables dépassent votre montant d'investissement c'est une bonne situation de financement car elle vous permettrons de réduire vos dettes à court terme et d'avoir un bon équilibre financier.

C-3) LES AMMORTISSEMENTS

Nous avons vu en étudiant la structure du financement de votre projet que vous allez investir et vous contracterez des dettes. Les immobilisations et les dettes s'amortissent financièrement et nous allons voir comment les amortir.

L'AMORTISSEMENT DES IMMOBILISATIONS

Pour chaque immobilisation vous fixez une durée probable d'usage de manière à obtenir une valeur financière nulle à la fin de l'usage. Le principe de l'amortissement des immobilisations est simple, pour chaque matériel, chaque construction, chaque usine ou atelier construit ou acquis, il est question de récupérer l'argent dépensé pour ces acquisition ou constructions mais en étalant la récupération de cet argent sur toute la durée d'usage des matériels concernés. Vous aurez le choix entre deux modes d'amortissement.

- **L'AMMORTISSEMENT LINEAIRE**

Dans ce cas pour trouver l'annuité annuelle d'amortissement on divise simplement le montant d'acquisition de l'immobilisation par la durée d'utilisation estimée en années. Par exemple une machine achetée à 150 000 $ et dont la durée probable d'utilisation est de 5 ans, l'annuité d'amortissement est de : 150 000 $ / 5 ans = 30 000 $ an. Vous pourrez également procéder par la détermination préalable du taux d'amortissement et calculer l'annuité en calculant ce pourcentage sur le montant d'achat du matériel. : 150 000 $ / 5 = 20 alors le taux d'amortissement annuel est de 20% et l'annuité sera de 20% de 150 000 $ = 30 000 $.

Si vous achetez une machine en cours d'exercice, le premier amortissement est calculé proportionnellement aux nombres de jours d'utilisation (par simplification, les mois sont tous comptés pour 30 jours). Par exemple si la machine est acquise le 1er septembre, la première annuité d'amortissement sera égale à 4/12 de l'amortissement annuel. Vous trouvez d'abord l'amortissement annuel qui est 150 000 $ / 5 ans = 30 000 $. Pour trouver l'annuité de la première année qui correspond à quatre mois, vous faites :

4/12 x 30 000 $ = 10 000 $. Alors 10 000 $ sera votre première annuité et la dernières annuité sera de 30 000 $ - 10 000 $ = 20 000 $.

LE TABLEAU D'AMORTISSEMENT LINEAIRE

ANNEES	BASE ANNUELLE DE AMMORTISSEMENT	ANNUITE	VALEUR COMPTABLE NETTE APRES AMORT

N	20% de 150 000 $	10 000 $	140 000 $
N+1	20% de 150 000 $	30 000 $	110 000 $
N+2	20% de 150 000 $	30 000 $	80 000 $
N+3	20% de 150 000 $	30 000 $	50 000 $
N+4	20% de 150 000 $	30 000 $	20 000 $
N+5	20% de 150 000 $	20 000 $	0 $
TOTAL		150 000 $	

- **L'AMORTISSEMENT DEGRESSIF**

Dans ce cas, vous obtenez l'annuité annuelle d'amortissement en appliquant le taux d'amortissement non à la valeur d'achat du matériel mais à la valeur comptable nette.

Reprenons notre exemple de la machine achetée à 150 000 $ avec une durée d'utilisation de 5 ans soit un taux d'amortissement linéaire est de 20%. Pour obtenir le taux d'amortissement dégressif vous multipliez le taux linéaire par :

- 1,5 lorsque la durée probable d'utilisation est de 3 ou 4 ans ;

- 2 lorsque la durée probable d'utilisation est de 5 ou 6 ans ;
- 2,5 lorsque la durée probable d'utilisation est plus de 6 ans.

Pour notre exemple de la machine achetée à 150 000 $ et amortissable sur 5 ans, le taux linéaire est de 20% et le taux dégressif est de 20 x 2 = 40%.

<u>NB</u> : l'avant dernière année aura un taux d'amortissement de 50% et la dernière aura un taux de 100%.

TABLEAU D'AMORTISSEMENT DEGRESSIF

ANNEES	BASE ANNUELLE DE AMMORTISSEMENT	ANNUITE	VALEUR COMPTABLE NETTE APRES

			AMORT
N	(40% x 4/12) de 150 000 $	20 000 $	130 000 $
N+1	40% de 130 000 $	52 000 $	78 000 $
N+2	40% de 78 000 $	31 200 $	46 800 $
N+3	40% de 46 800 $	18 720 $	28 080 $
N+4	50% de 28 080 $	14 040 $	14 040 $
N+5	100% de 14 040 $	14 040 $	0 $
TOTAL		150 000 $	

L'AMORTISSEMENT DES DETTES

Lorsque vous contractez une dette vous arrêtez les modalités de remboursement avec votre financeur. Deux éléments sont importants à ce niveau, il s'agit du délai de remboursement et du taux d'intérêt appliqué. Généralement le banquier fixe un taux annuel. Pour le lancement de votre projet vous contractez une dette de 500 000 $ remboursable en 5 ans à un taux de 10%. L'argent vous est donné au début de la première année et vous versez les annuités à la fin de chaque année.

TABLEAU D'AMORTISSEMENT DU CREDIT

ANNEES	AMORT	INTERET 50%	ANNUITE	MONT RESTANT
1	100 000 $	500 000 x 10% = **50 000 $**	150 000 $	400 000 $
2	100 000 $	400 000 x 10% = **40 000 $**	140 000 $	300 000 $
3	100 000 $	300 000 x 10% = **30 000 $**	130 000 $	200 000 $
4	100 000 $	200 000 x 10% = **20 000 $**	120 000 $	100 000 $
5	100 000 $	100 000 x 10% = **10 000 $**	110 000 $	0 $
TOTAL	500 000 $	150 000 $	650 000 $	

Ce tableau est votre plan d'amortissement du crédit prévu dans le financement de votre activité. Le type amortissement ici est l'amortissement équivalent mais vous pourrez également choisir d'autres types d'amortissement : l'annuité équivalente (dans ce cas c'est l'annuité qui doit être le même pour chaque remboursement), le remboursement du montant dû à la fin de la période d'amortissement (dans ce cas vous remboursez uniquement les intérêts chaque mois et c'est à la fin du projet que vous remboursez le montant dû).

Chaque type d'amortissement a ses inconvénients et ses avantages. Dans notre cas d'un montant de 500 000 $ remboursable sur 5 ans, le remboursement par amortissement constant nous coûte 150 000 $ d'intérêt mais chaque mois nous avons moins 100 000 $ qui sortent de notre caisse, la capacité financière de l'entreprise diminue. Dans le cas d'un remboursement du montant dû à la fin de la période, nous aurons 500 000 x 10% = 50 000 $ d'intérêt à verser au banquier tous les mois ce qui 250 000 $ sur 5 ans. Dans ce deuxième cas le crédit coûte plus mais les 500 000 $ restent totalement à la disponibilité de l'entreprise pendant toute la période d'amortissement. Le choix d'un type d'amortissement se fait en fonction de la structure du financement de votre projet mais en tenant compte de la variation prévisionnelle de votre capacité d'autofinancement. Ce plan d'amortissement est prévisionnel car vous devrez discuter avec vos partenaires financiers pour arrêter les modalités de remboursement mais en négociant défendez le type d'amortissement qui correspond le mieux à votre projet et qui permettra sa réalisation de façon efficace.

Dès que vous finissez avec le plan d'amortissement des immobilisations et celui d'amortissement des dettes, vous montez votre compte prévisionnel d'exploitation qui va montrer à vos partenaires comment est-ce que votre projet crée de la valeur.

C-4) LE COMPTE PREVISIONNEL D'EXPLOITATION

Le compte prévisionnel d'exploitation vous permet de faire des prévisions de performance, de déterminer votre résultat net ainsi que le cash-flow issu du cycle d'exploitation. Il s'agit ici de retrancher, du chiffre d'affaire prévu dans les objectifs commerciaux, les charges d'exploitation, les charges de personnel, les amortissements des immobilisations, les amortissements des dettes et leurs intérêts, les impôts... pour obtenir le résultat net qui est votre bénéfice annuel. A ce résultat net vous ajoutez les amortissements d'immobilisations (charge non décaissable) pour obtenir le cash-flow (liquidités disponibles). Vous allez présenter le compte d'exploitation non pas sur une seule année mais sur une période allant de trois à cinq ans, ceci va donner plus de lisibilité à votre projet. Toutefois il faut avoir à l'esprit que plus la période prévisionnelle est courte plus les incertitudes sont moindres et plus votre plan paraîtra fiable aux yeux de vos partenaires (associés, banques, Etat, communautés). Une période de trois ans serait donc réaliste que celle de cinq ans. Mais s'il arrive que votre projet soit plus rentable sur cinq ans ou six ans, dans le souci de présenter cette rentabilité, intégrez cette période de forte rentabilité dans le compte prévisionnel d'exploitation.

Pour mieux comprendre le montage du compte d'exploitation nous allons prendre le cas d'un entrepreneur qui lance une entreprise de fabrication des brouettes. Pour lancer son activité :

- il prend un crédit de 500 000 $ au taux annuel de 10% amortissable sur cinq ans ; avec un fond propre de 100 000 $.
- Il fait construire un petit atelier équipé d'une machine à 150 000 $, la durée d'usage de l'atelier et de la machine est de 5 ans. Ses charges d'exploitation (matière première, électricité, eau, transport ...) s'élèvent à 250 000 $; fait une campagne publicitaire de 50 000 $ pour lancer son activité et compte amortir cet argent sur 5 ans ; la masse salariale annuelle pour ses quatre employés et lui est de 150 000 $. L'impôt sur le bénéfice est de 20%.
- Il prévoit vendre 3 500 brouettes par an à raison de 200 $ par unité vendue.

Remarquons que dans l'énoncé qui précède, le premier tiret présente les ressources, les sources de financement et leurs modalités de remboursement. Le second tiret présente les charges (d'exploitation, l'investissement et la période d'usage, les impôts). Le troisième tiret présente les revenus (objectif de vente et prix).

COMPTE PREVISIONNEL D'EXPLOITATION SUR 3 ANS

COMPTES	N+1		N+2		N+3	
	char	pro	Char	Pro	char	pro
Chiffre d'affaire		+		+		+
Charges d'exploitation	-		-		-	
Valeur Ajoutée						
Charges de personnel	-		-		-	
EBE						
amortissement	-		-		-	
Résultat d'Exploitation						
Frais financier	-		-		-	
Résultat avant impôt						
impôt	-		-		-	
Résultat net						
Cash-flow						

- **Le chiffre d'affaire=** ventes x prix = 3 500 x 200 $ = **700 000$**
- Les charges d'exploitation = **250 000 $**

- **La Valeur ajoutée** = 700 000 $ - 250 000 $ = **450 000 $**
- Les charges de personnel = **150 000 $**
- **L'excèdent brut d'exploitation** =450 000$ - 150 000$ = **300 000 $** ;
- **Amortissement** = montant des immobilisations corporelles 150 000 $, durée d'usage 5 ans. Amortissement annuel = 150 000/5 = **30 000 $** ; montant des immobilisations incorporelles 50 000 $, durée d'usage 5 ans. Amortissement annuel = 50 000/5 = **10 000 $** ; total = 30 000 $ + 10 000 $ = **40 000 $**.
- **Le résultat d'exploitation** = 300 000 $ - 40 000 $ = **260 000 $**
- Frais financiers = montant emprunté 500 000 $, durée 5 ans, taux 10 $. Amortissement annuel = 500 000/5 = **100 000 $** ; l'intérêt pour la première année = 500 000 x 10% = **50 000 $** ; frais financiers =100 000 $ + 50 000 $ = **150 000 $**.

- **Résultat avant impôt** = 260 000 - 150 000 $ = **110 000 $**
- **Impôts** = 20% du résultat avant impôt = 20% x 110 000 $ = **22 000 $**
- **Résultat net** = résultat avant impôts – impôts = 110 000 $ - 22 000 $ = **88 000 $**.
- **Cash-flow** = résultat net + amortissement = 88 000 $ + 40 000 $ = **128 000 $**.

Dès que vous finissez avec les éléments de la première année vous les remplissez au tableau.

Sur la deuxième et la troisième année, remarquez que les éléments restent presqu'identiques même si les frais financiers diminuent de 10 000 $ par an dès la deuxième année du fait du remboursement. Cependant il arrive très souvent que le chiffre d'affaire diminue ou augmente du fait de la variation de la production (dans ce cas les charges d'exploitation varient aussi) ou du fait de la variation des prix (dans ce cas les charges d'exploitation pourraient varier ou pas).

COMPTE PREVISIONNEL D'EXPLOITATION SUR 3 ANS

COMPTES	N		N+1		N+2	
	char	pro	Char	Pro	char	pro
Chiffre d'affaire		700 000		700 000		700 000
Charges d'exploitation	250 000		250 000		250 000	
Valeur Ajoutée	450 000		450 000		450 000	
Charges de personnel	150 000		150 000		150 000	
EBE	300 000		300 000		300 000	
amortissement	40 000		40 000		40 000	
Résultat d'Exploitation	260 000		260 000		260 000	
Frais financier	150 000		140 000		130 000	
Résultat avant impôt	110 000		120 000		130 000	
impôt	22 000		24 000		26 000	
Résultat net	88 000		96 000		104 000	
Cash-flow	**128 000**		**136 000**		**144 000**	

C-5) LE CALCUL DE LA VAN

La VAN est la valeur actualisée de l'ensemble des liquidités générées par le projet. Ces cash-flows des années N, N+1, N+2, N+3 et N+4 seront ramenés à leurs valeurs nettes du début de l'année N. la VAN permet de mesurer la richesse créée par un investissement sur une période donnée.

Pour calculer la VAN de notre cas il faut déterminer les liquidités des années N+3 et N+4 car les trois premières années ne dégagent pas suffisamment de liquidités. Les frais financiers diminuent de 10 000 $ par an dès la deuxième année alors nous aurons 140 000 $ et 150 000 $ de résultat avant impôt respectivement à N+3 et N+4. Les impôts des deux années seront de 28 000 $ pour N+3 et 30 000 $ pour N+4. Le résultat net de N+3 = 140 000 − 28 000 = 112 000 $ et le résultat de N+4 = 150 000 $ - 30 000 = 120 000 $. Le cash-flow de N+3 = 112 000 $ + 40 000 $ = 152 000 $ et celui de l'année cinq est N+4 = 120 000 $ + 40 000 $ = 160 000 $. De la 6ème à la 8ème année (date à laquelle l'usine sera fermée) les liquidités constantes seront de 270 000 $ car les immobilisations et les dettes seront totalement amorties mais l'entrepreneur va continuer à utiliser le matériel avec 10 000 $ d'augmentation des charges de maintenance.

Pour calculer la VAN vous aurez besoin de vous fixer un taux d'actualisation des liquidités qui correspond au coût des capitaux + l'inflation.

Soient t = taux d'actualisation, I = investissement de départ et N, N1, N2, N3, N4, N5, N6, N7 les liquidités respectives des périodes P1, P2, P3, P4, P5, P6, P7 et P8.

La VAN = $N(1+t)^{-1} + N1(1+t)^{-2} + N2(1+t)^{-3} + N3(1+t)^{-4} + N4(1+t)^{-5} + N5(1+t)^{-6} + N6(1+t)^{-7} + N7(1+t)^{-8} - I$.

Avec t= 10% et I = 600 000 $ Dans notre cas de fabrication des brouettes nous aurons donc :

VAN = $128\,000(1+0,1)^{-1} + 136\,000(1+0,1)^{-2} + 144\,000(1+0,1)^{-3} + 152\,000(1+0,1)^{-4} + 160\,000(1+0,1)^{-5} + 270\,000(1+0,1)^{-6} + 270\,000(1+0,1)^{-7} + 270\,000(1+0,1)^{-8} - 600\,000 =$

VAN = 128 000 x 0.90 + 136 000 x 0.82 +144 000 x 0.75 +152 000 x 0.68 +160 000 x 0.62 + 270 000 x .56 + 270 000 x 0.51 + 270 000 x 0.46 ⁻ 600 000

VAN = 115 200 + 111 520 + 108 000 + 103 360 + 99 200 + 151 200 + 137 700 + 124 200 − 600 000

VAN = 953 300 − 600 000 = **350 020 $**

C-6) L'INDICE DE PROFITABILITE

Si nous considérons notre précédant cas, l'indice de profitabilité de cet entrepreneur sera 350 020 /600 000 = **0.58**. Pour chaque $ investi l'on gagne 0.58 $.

C-7) LE DELAI DE RECUPERATION

Vous allez également présenter dans votre business plan le délai de récupération des capitaux investis. Pour déterminer le délai de récupération vous utilisez la méthode de l'exemple de l'usine de brouettes suivant :

I = 600 000 $

Les cash-flows s'étalent de la manière suivante =
115 200 + 111 020 + 108 000 + 103 360 + 99 200 + 151 200 + 137 700 + 124 200

années	Cash-flow	cumul	Reste
1	115 200	115 200	484 800
2	111 020	226 220	273 720
3	108 000	334 220	265 720
4	103 360	437 580	162 420
5	99 200	536 780	63 220
6	151 200		
7	137 700		
8	124 200		

A la fin de la 5ème année 536 780 $ sont récupérés il reste seulement 63 220 $ au courant de l'année 6 mais on connait seulement le cash-flow annuel de l'année 6 qui est de 151 200 $. Il faut déterminer au quantième mois de l'année 6 les 63 220 $ seront récupérés.

Délai = 5 + (600 000 − 536 780 x 12 (mois))/le cash-flow de la 6ème année

= 5 + (536 780 x 12 / 151 200) = **5 + 4.7**

Le délai de récupération sera de 5 ans et 4 mois 20 jours.

La VAN, l'indice de profitabilité et le délai de récupération peuvent donner assez de visibilité sur la rentabilité financière de votre projet.

Ce livre étant un guide d'auto formation, il n'est pas question ici de le surcharger avec les cas de probabilité dans la survenance des cash-flows. Mais notons qu'il sera toujours nécessaire lorsque vous montez votre business plan d'étudier la rentabilité selon que le financement est sans crédit et avec crédit, selon qu'il s'agit du crédit-bail ou non etc.

Vous devez également présenter le plan de trésorerie et le plan financier de votre projet.

TABLEAU DU PLAN DE TRESORERIE DES 12er MOIS														
	MOIS												total
	1	2	3	4	5	6	7	8	9	10	11	12	
Charges													
-													
-													
Total(1)													
produits													
-													
-													
Total(2)													
Total (1+2)													

LE TABLEAU DU PLAN FINANCIER DU PROJET			
DESIGNATION	N	N+1	N+2
- EMPLOIS Immobilisation + variation BFR			
TOTAL EMPLOIS			
- RESSOURCES Apports + Dettes + ventes…			

TOTAL DES RESSOURCES			
ECART (R- E)			
+ trésorerie initiale			
TRESORERIE FINALE			

La règle c'est de ne jamais financer un investissement par une dette à court terme. Au contraire il est souhaitable que les charges d'exploitation soient financés par les ressources durables ou tout au moins que les investissements soient financés par les ressources durables et les charges d'exploitation soient financés par les dettes à court terme.

Notes personnelles du lecteur relatives au chapitre et résolutions prises pour l'avenir

....
....
....
....
....
....
....
....
....
....
....
....
....
....
....
....
....
....
....
....
....
....
....
....
....
....

CHAPITRE III. LA MISE EN ŒUVRE DU PROJET

Dès que le business plan est monté, l'entrepreneur se lance dans le marketing de projet et dans l'opérationnalisation du projet.

A- LE MARKETING DE PROJET

Dans le processus d'étude et de montage de votre business plan, gardez à l'esprit que le plan d'affaires est un document qui, au-delà de la description des activités projetées, a une fonction marketing. Grâce au business plan, votre pouvoir de persuasion face aux partenaires augmente et vous pourrez mieux vendre votre projet et le réaliser plus efficacement. Sous ce rapport, il serait donc important de présenter un plan réaliste qui serait le plus proche de la situation concrète de l'environnement projeté. Votre business plan ne doit pas être un lot de rêves déconnectés de la réalité. Il arrive souvent que dans le business plan l'entrepreneur se focalise plus sur les performances qu'il pense réaliser, tout en ne montrant pas assez comment il s'y prendra pour les réaliser. Au-delà de la planification le business plan vous permet également de mieux suivre votre projet dans sa mise en œuvre mais s'il n'est pas réaliste, s'il est utopique il ne vous servira pas dans le suivi du projet et les partenaires seront retissant à y participer.

En plus de la fiabilité, le business plan vous permettra de mieux vendre votre projet, c'est pourquoi sa forme doit être soignée autant que le fond. En élaborant votre document, vous devez présenter le plan, la pagination, les titres, un choix de caractère agréable, une présentation bien aérée, un ensemble bien relié, présenté en couleurs, avec une couverture qui capte le regard et communique sur l'activité du projet. En somme le business plan vous permet de:

- Recenser, expliquer et justifier les composantes de l'architecture de votre projet et de vous assurer qu'elles sont cohérentes ;

- Présenter le projet aux différents partenaires tout en créant un impact psychologique fort chez eux ;
- Faciliter le déroulement des entretiens avec les différents interlocuteurs et les convaincre de la fiabilité de votre projet ;
- Vous référer aux prévisions du plan pour mieux suivre la mise en œuvre de votre projet.

1) COMMENT CONVAINCRE VOS PARTENAIRES ET LES FAIRE ADHERER AU PROJET

Le projet de par sa nature (nouveauté et incertitude), est une réalité complexe. Vous devez construire l'écosystème de votre projet. L'écosystème d'un projet comprend l'équipe projet (le promoteur et ses associés), les partenaires financiers (banques, prêteurs), l'environnement communautaire et social (personnel et population), les pouvoirs publics. Ayez à l'esprit que tous ces partenaires ne perçoivent pas votre projet de la même manière en fonction du type de contribution qui liera chacun d'eux à votre projet. Le banquier se souciera plus de la rentabilité (la VAN) et de la solvabilité (la trésorerie), alors que les pouvoirs publics se pencheront plus sur la capacité de votre projet à créer des emplois et à réduire le déficit de la balance commerciale par exemple. Dès lors, la présentation de votre business plan aux partenaires ne peut être stéréotypée, vous devez vous adapter à vos différents interlocuteurs. Pour un même projet, vous pouvez également choisir de monter un business plan adapté aux associés, un autre pour les partenaires financiers, un autre pour les pouvoirs publics etc. il ne s'agit pas de reconstruire entièrement le document chaque fois mais de l'adapter en ajustant certains éléments techniques, financiers ou marketing.

a) **COMMENT PERSUADER LES ASSOCIES**

Les associés sont regardant sur la moralité du promoteur, ses compétences, la rentabilité des fonds engagés...généralement ils ne voient pas de bon œil l'investissement de confort et les charges de personnel élevées. Il sera alors question ici de les montrer que l'investissement est fortement orienté sur l'outil de production et les intrants. Les premiers associés peuvent être vos proches (parents, amis) car mieux on connait le promoteur plus facilement on adhère à son projet. Les critères d'évaluation de votre projet peuvent devenir subjectifs (surtout lorsque vos associés sont vos proches), les associés doivent vous percevoir comme quelqu'un d'agréable à vivre, on parle d'affectio societatis.

b) COMMENT PERSUADER LE BANQUIER

Sur le plan individuel le banquier examinera la moralité du promoteur, jugera votre capacité à porter votre projet (compétences), votre situation financière et votre apport au projet. Le banquier évaluera la fiabilité des études menées ainsi que le réalisme des prévisions, la rentabilité du projet... le banquier préfère financer l'immobilisation corporelle car en cas de défaillance de l'entrepreneur ces actifs immobilisés constituent une garantie pour la récupération des dettes. Etant donné qu'il est plus facile d'obtenir le crédit dans une banque qui vous connait ou qui connait un de vos proches (Bill Gates obtient son premier crédit grâce à sa maman qui connaissait un banquier) il est important d'être en contact avec les banquiers ou avec des proches des banquiers.

c) COMMENT PERSUADER LES PRETEURS

Il peut s'agir des personnes physiques ou morales qui mettent de l'argent à votre disposition. Ils sont surtout sensibles aux délais de remboursement et aux taux d'intérêt. La moralité du porteur de projet a également un rôle à jouer. On les retrouve souvent parmi les proches de l'entrepreneur.

d) LES POUVOIRS PUBLICS

En plus des critères de rentabilité, les pouvoirs publics évalueront votre projet sur la base des emplois qu'il crée, de la réduction de l'importation, des bénéfices sociaux du projet etc.

2) LE RESEAUTAGE ET LE CAPITAL SOCIAL

Votre capacité à créer un réseau autour de vous sera décisive pour la réussite de votre projet en ceci que l'on fait plus confiance à celui qu'on connait. Si vous êtes une personne isolée qui ne communique pas assez, qui ne participe pas à la vie associative, il vous sera moins facile de vendre votre projet. Les structures formelles et libérales d'accompagnement comme les ONG, les banques, imposent des critères rudes et contraignants qui font que les entrepreneurs remboursent les dettes tout en s'asphyxiant. Le capital social peut aider l'entrepreneur à éviter ces contraintes. Le capital social c'est l'ensemble des ressources fournies à un porteur de projet par son milieu social telles que la patience et le soutien moral de la famille, les fournisseurs et les financiers de proximité qui font confiance à l'entrepreneur en raison de sa bonne réputation et acceptent de plus longues échéances de paiement. Il est important pour un investisseur de construire son réseau social et culturel (intégrer des associations, développer les relations, maintenir le contact avec un grand nombre de personnes susceptibles de vous créer des facilités) car cela permet de vous ouvrir les portes et de trouver une plus large clientèle.

B. METTRE EN ŒUVRE VOTRE PROJET

Après les études de faisabilité, le montage du business plan et la recherche des partenaires aux moyens d'actions de marketing de projet, il vous reste la mise en œuvre de votre projet.

1. L'ASSURANCE

L'entreprise se déploie dans un environnement risqué. Il peut arriver que l'entrepreneur se fasse voler, qu'un bâtiment soit incendié, qu'un accident survienne pendant les travaux, que certaines de vos créances restent impayées etc. pensez au fait qu'un sinistre peut compromettre le développement de votre activité. Vous ne devez pas attendre que cela se réalise car il sera tard, prenez vos responsabilités en vous dirigeant chez un assureur pour sécuriser vos immobilisations, vos employés etc.

Faites une liste des risques auxquels votre structure est exposée, établissez les plans de mitigation de ses risques et baissez ainsi l'impact qu'ils pourraient avoir si jamais ils survenaient.

2. LA CONSTITUTION DU CAPITAL DE VOTRE ENTREPRISE

Pour lancer vos activités, vous devez saisir un notaire pour l'évaluation de vos apports ainsi que ceux de vos associés. Les apports sont de trois types : les apports en numéraire, les apports en nature, les apports en industrie.

a) LES APPORTS EN NUMERAIRE

Vous aurez besoins de libérer le capital en appelant vos associés à mettre de l'argent à la disposition de l'entreprise par un versement en espèce, par une remise de chèque bancaire ou postal, par un virement bancaire. La loi encadre la constitution des apports.

b) LES APPORTS EN NATURE

Les associés peuvent également apporter un bien meuble ou immeuble (ordinateurs, machine de production, bâtiment). Cet apport qui est libéré entièrement lors de la constitution de la société pose généralement un problème de la valeur réelle du bien apporté car les apporteurs ont naturellement tendance à surévaluer leurs apports. A la demande d'un ou de plusieurs associés fondateurs ou du président de tribunal du commerce, un commissaire aux comptes ou un expert établit un rapport de l'évaluation des apports qui sera annexé aux statuts de la société. L'apport en nature peut être fait en propriété, en jouissance ou en usufruit.

c) L'APPORT EN INDUSTRIE

Certains des associés peuvent fournir des prestations de service à la société en contre partie des titres sociaux. Un des associés peut se charger de la comptabilité, des études de marché etc. ce type d'apport n'est pas possible pour les S.A et les SARL.

3. LES ASPECTS JURIDIQUES DE LA CONSTITUTION DE VOTRE SOCIETE EN PERSONNALITE MORALE

Il s'agit ici de donner une forme juridique et règlementaire à votre société. Ainsi vous devez élaborer les statuts pour matérialiser cette forme juridique et menez des opérations administratives.

a) LA REDACTION DES STATUTS

Le contrat de société doit être établit par écrit. Vos statuts pourront être rédigés par les associés que vous êtes ou par un notaire. L'intervention d'un notaire est cependant obligatoire dans certains cas, par exemple, lorsqu'il y a apport d'un immeuble. L'intervention d'un notaire est fortement conseillée si vous envisagez vous associer avec votre époux ou votre épouse.

Les statuts de votre société doivent contenir entre autres :

- La forme de la société (S.A ; SARL ; etc.) : elle renseigne sur le fonctionnement de la société ainsi que sur les droits et obligation des associés ;
- La durée de la société : qui ne peut excéder 99 ans même si cette durée peut être prorogée ;
- La dénomination de la société ;
- L'objet de la société : qui indique les activités de la société ;

- Le montant du capital de la société : indique les moyens dont dispose la société ;
- Le siège social de la société etc.

b) LA SIGNATURE DES STATUTS

Tous les associés doivent signer les statuts car c'est cette signature qui consacre l'adoption des statuts. Les associés signent généralement eux-mêmes mais peuvent aussi mandater quelqu'un pour le faire en cas d'indisponibilité. En signant les statuts les associés désignent en même temps leurs premiers dirigeants et les autorisent d'agir au compte de la société, à passer pour le compte de la société des actes et engagements énoncés au mandat. Ce mandat spécial est nécessaire pour permettre à la société de fonctionner pendant la période d'attente qui sépare la signature des statuts à l'enregistrement de la société au registre du commerce.

Après ces formalités de constitution de la société, vous devrez obligatoirement publier l'acte de création de l'entreprise selon les modalités qui varient selon votre pays. Avant cette publication, selon les exigences administratives du pays vous devrez plus ou moins procéder :

- A l'enregistrement de l'acte de création : dépôt des statuts et actes de nomination des organes de gestion, d'administration, de surveillance et de contrôle en deux copies pour chaque document, au greffe du tribunal. Ces documents sont uniquement nécessaires lorsque ces personnes n'ont pas été désignées par les statuts ;
- A L'immatriculation au registre du commerce : celle-ci confère à la société une personnalité morale ;
- A l'enregistrement au centre divisionnaire des impôts ;
- A l'enregistrement à la caisse de prévoyance sociale ;

- L'obtention de l'agrément auprès du ministère concerné par votre activité
- A l'obtention de la carte professionnelle du commerçant auprès du ministère du commerce ;
- Inscription au fichier consulaire de la chambre de commerce etc.

C'est après ces étapes que vous recrutez en vue du lancement des activités de votre entreprise. Tel est le processus de création d'une entreprise.

Notes personnelles du lecteur relatives au chapitre et résolutions prises pour l'avenir

J'ai eu beaucoup de plaisir à vous donner les fondamentaux de l'entrepreneuriat dans cet ouvrage qui se présente comme un guide pratique d'auto formation à l'entrepreneuriat. Qu'est-ce que l'entrepreneuriat ? Telle a été la question conductrice de la rédaction de cet ouvrage et c'est en y apportant des réponses que nous avons présenté le processus qui permet d'initier et de mettre en œuvre un projet. Nous avons vu que le processus entrepreneurial va de l'idée de projet au business plan en passant par le test d'opportunité, le modèle d'affaire, la vision stratégique. Les contenus de ces différentes étapes du processus de création d'entreprise ont également été abordés de façon détaillée de manière à rendre l'apprentissage facile. Quelles sont les compétences et les qualités dont l'entrepreneur a besoin pour réussir un projet ? Ici également nous avons apporté des réponses dans cet ouvrage en montrant que tout entrepreneur a les qualités humaines telles que l'enthousiasme, la persévérance, la confiance en soi et bien d'autres qualités qui lui donnent une puissance psychologique et un charisme qui favorisent la réussite. A ces qualités humaines se superposent des compétences techniques du domaine de la gestion et de bien d'autres domaines qui sont nécessaires au fonctionnement de l'entreprise créée. Etudiants, salariés, chercheurs d'emploi, entrepreneurs, vous avez trouvez dans cet ouvrage l'essentiel de ce que vous devez connaitre pour vous engager dans l'entrepreneuriat de façon efficace. Par ce que, comme nous l'avons dit, Start peur, aubergiste, porteur de projet, initiateur économique, créateur d'entreprise, entrepreneur social, il y a certainement des particularités liées aux modes entrepreneuriaux mais il y a inéluctablement ce qui est fondamental à l'entrepreneuriat.

Dans le cadre de ce livre qui est un outil d'auto formation à l'entrepreneuriat, vous avez ce dont vous avez besoin de savoir, de savoir-faire et de faire pour pouvoir formaliser une idée en projet, mettre en œuvre votre projet et le suivre techniquement. La compréhension du champ entrepreneurial, ce qui caractérise un entrepreneur, comment doit être un entrepreneur, son domaine de connaissance et les compétences qui doivent être siennes, les moyens par lesquels l'on devient entrepreneur et comment surpasser les barrières au métier, tout vous a été présenté dans cet ouvrage. Sur le processus de mise en œuvre du projet, vous savez comment animer l'écosystème d'un projet à travers le marketing de projet et le réseautage, comment gérer les aspects juridiques de la création d'entreprise qui vont de la rédaction des statuts aux opérations administratives en passant par la constitution des apports des associés éventuels.

L'entrepreneur étant d'abord un gestionnaire et la maîtrise de certains principes de gestion étant primordiale à la bonne marche des affaires, le livre vous présente de façon illustrée la notion d'équilibre financier qui permet d'éviter les problèmes graves de trésorerie, La technique de détermination des facteurs clés de réussite dans un secteur d'activité qui permet de se focaliser sur les éléments pertinents sur lesquels est basée la lutte concurrentielle.

Tous les entrepreneurs qui réussissent passent par ce cadrage normatif y compris Mark Zuckerberg et Bill Gates.

Dans la même collection TGV de la réussite (disponible sur Amazon)

ELEMENTS BIBLIOGRAPHIQUES

VERSTRAETE T. (2002). Essai sur la singularité de l'entrepreneuriat comme domaine de recherche, Editions de l'ADREG.

VERSTRAETE T. (1999). Entrepreneuriat. Connaître l'entrepreneur, comprendre ses actes. L'Harmattan, collection Economie et Innovation.

Saporta B. (1986). Stratégie pour la PME.

CHRISTIAN L'AVENIR KWEDI. (2018). Réussir sa vie divinement.

www.ingramcontent.com/pod-product-compliance
Lightning Source LLC
Chambersburg PA
CBHW021828170526
45157CB00007B/2724